ÉTUDES SUR VILLON

★

IL A ÉTÉ TIRÉ DE CET OPUSCULE :

4 exemplaires sur Chine véritable numérotés de . . . . 1 à 4

16 exemplaires sur vrai Japon soleil numérotés de . . . . 5 à 20

100 exemplaires sur vélin d'Arches à la forme numérotés de . . . . 21 à 120

LA PSYCHOSE
DE
FRANÇOIS VILLON

PAR

R. YVE-PLESSIS

A PARIS
CHEZ JEAN SCHEMIT, LIBRAIRE
52, RUE LAFFITTE, 52
—
1925

A ANDRÉ LEBEY

POÈTE ET HISTORIEN

R. Y.-P.

MÉMENTO BIOGRAPHIQUE

1431. — Naissance de François de Moncorbier, plus tard connu sous le nom de Villon, à cause de son protecteur, Maître Guillaume de Villon, chapelain de Saint-Benoît-le-Bétourné, à Paris.

1449. — François est reçu bachelier ès arts de l'Université.

1451-53. — Troubles au quartier latin (Affaire du Pet-au-Diable).

1452. — François est reçu licencié et maître ès arts.

1455. — François, dans une rixe, tue le prêtre Sermoise et s'enfuit de Paris.

1456. — François obtient des lettres de rémission pour le meurtre de Sermoise et rentre à Paris vers janvier. Il participe, vers la Noël, à un vol avec effraction au collège de Navarre. Il compose le *Lais* où il annonce son départ, sous le prétexte d'amours contrariées.

1457-61. — Vie errante de François. Il visite sans doute Blois, Moulins, Rossillon en Dauphiné, le Poitou. Emprisonné à Orléans en 1460, la visite solennelle de la jeune Marie d'Orléans le sauve d'une exécution capitale. Incarcéré dans les chartres de l'évêque Thibault d'Auxigny, à Meung-sur-Loire, en 1461, le passage de Louis XI lui vaut une seconde grâce.

1461. — François, rentré à Paris, est mis au Châtelet pour vol. L'intervention de la Faculté de théologie pour l'affaire du collège de Navarre le fait maintenir en prison ; un arrangement l'en fait sortir (novembre). Il écrit le *Testament.*

1462. — Poursuivi pour complicité dans une rixe, rue de la Parcheminerie, François est condamné à être pendu (décembre). Il en appelle au Parlement, qui commue sa peine en dix années de bannissement.

1463. — François quitte Paris, la « pelle au cul », le 5 janvier. On n'entend plus parler de lui.

CHAPITRE PREMIER

Mirage des biographes. — Villon : la légende et l'histoire. — Le « bon folâtre » fut un malfaiteur d'habitude. — Perversion maladive ou perversité ? — La guerre de Cent ans et les Moncorbier. — L'impôt progressif de la dégénérescence.

I.

Quand les historiens s'appliquent à célébrer quelque grand homme disparu, ils sont communément victimes d'un étrange mirage.

A vivre avec ce mort par la pensée, ils s'éprennent pour sa mémoire d'une si béate dilection qu'ils ne peuvent plus le voir comme il fut, mais bien comme ils préféreraient qu'il eût été. Même ils finissent par se croire un peu solidaires de sa bonne renommée. De là à magnifier sans mesure ses vertus — s'il en eut — à jeter sur ses faiblesses — qui n'en a? — un voile discret, il n'est qu'un pas, vite franchi. Et la biographie tourne au fade panégyrique.

La plupart des commentateurs, préfaciers et biographes de François Villon ont donné dans ce travers.

Il faut dire, à leur défense, qu'ils œuvrèrent longtemps sans documents précis et même sans documents du tout. Ils ne connaissaient Villon que par son propre témoignage, par ses demi-aveux semés d'embûches et pleins de déguisement. Moyennant quoi, une légende solide, peut-être jadis voulue par lui-même, s'était établie sur son compte. Villon était le bon folâtre, le joyeux gallois quilleur de filles, le ribleur nocturne aimant à rosser les onze-vingts du prévôt, l'écornifleur famélique et goguenard, habile à duper rôtisseurs et taverniers pour chopiner gratis ou dîner à crédit. Et Théophile Gautier, entre autres, résume assez fidèlement ce que de son temps on savait — ou ce que l'on croyait savoir — touchant l'amant de la grosse Margot : « Les jeux de Villon, écrit-il, étaient piperies, voleries, repues franches dans les bons lieux et les autres, batailles avec le guet et les bourgeois, un pareil homme ne pouvait s'amuser à moins[1]. »

Mœurs évidemment peu recommandables. Mais les censeurs les plus austères plaignaient

1. Th. Gautier, *Les Grotesques*, édition Charpentier, 1881, p. 8.

le rimeur pour la grandeur de sa misère et ils excusaient le griveleur pour la splendeur de ses rimes. Quant aux admirateurs enclins à l'indulgence, ils avaient toujours quelque bel argument à opposer aux puritains. Ils ne disconvenaient pas, certes, que Villon n'eût laissé, parmi ses contemporains, la réputation d'un fripon émérite. Mais quoi, il aimait tant sa mère! Et ils conseillaient de relire la *Ballade pour prier Notre-Dame*... Ils concédaient qu'il avait mené fâcheuse vie, ne se complaisant qu'en l'assemblée des truands et des gouges, lui-même quelque peu maquereau. Mais, parmi ses *Dames du temps jadis*, n'avait-il pas chanté la « bonne Lorraine »? Ceci ne payait-il pas cela?... Et s'il avait failli être pendu, heu! heu! c'est que la Justice d'alors était brutale en ses façons. Aussi bien avait-il seulement failli, ayant été finalement gracié, tant on l'avait jugé fidèle sujet du roi, à ses fortes imprécations, vous savez : *Contre les ennemis de France*... Ainsi de suite.

En sorte que les méfaits de Villon bénéficiaient, grâce à son œuvre, d'une amnistie tacite, d'une tolérance quasi générale. Il n'apparaissait plus si pendable et, même, d'aucuns s'étonnaient qu'il eût frisé la corde pour quelques larcins véniels, espiègleries d'écolier.

Cette légende aimable s'écroula quand Auguste Longnon et, bientôt après lui, Marcel Schwob exhumèrent les preuves de l'indignité de Villon ; quand l'un et l'autre, archives au poing, montrèrent qu'il avait été non seulement souteneur, mais encore meurtrier, non seulement escroc, mais aussi crocheteur d'huis et larron d'habitude, avec effraction, préméditation, récidive.

* * *

Désormais, nous en devions prendre notre parti : ce prestigieux ciseleur de vers, dont « la grâce délicate et la rudesse souveraine[1] » firent, font, feront le régal des lettrés, avait été ce que notre langue familière nomme une déplorable fripouille.

Pas ne le dy pour le lui reprouchier...

Cependant quand on considère, surpris, une intelligence aussi haute voisinant avec des penchants aussi bas, on est en droit de se demander si pareille inharmonie n'est pas dénonciatrice de quelque infirmité mentale, si Villon a toujours possédé son bon sens tout entier et si,

1. A. de Montaiglon, préface des *Œuvres de Villon*, édition P. Jannet, Paris, 1853.

d'aventure, il n'entre pas dans son cas autant de perversion maladive que de perversité tout court.

Une querelle divise les psychiâtres d'à présent : à savoir si le centre cérébral de la raison et de la pensée est, ou non, complexe et divisible ; si la complexité, admise, expliquerait les développements inégaux de certaines facultés chez les gens sains et justifierait, d'autre part, la thèse que des hommes puissent être à la fois intelligents et déraisonnables, voire côtoyer le génie et faillir par le jugement [1].

A quelque parti qu'on se range, il est positif qu'une telle espèce d'hommes existe. Nous en avons tous croisé quelqu'un sur notre route. François Villon était de cette espèce-là. Il réalise même le modèle — si l'on ose ainsi dire — de ces déséquilibrés,. admirablement doués quant à l'intellect, mais auxquels, par un contraste imprévu entre des dons supérieurs et leur adaptation aux réalités, manque cette rectitude d'esprit qui seule aiguille nos actes vers une fin raisonnée. Il démontre que « si les facultés intellectuelles dépendent de la sensibilité par l'impression qui les met en jeu, elles s'en

1. Grasset, *Demi-fous et demi-responsables*, Paris, Alcan, 1907, p. 134-192.

dégagent dans une mesure » et possèdent leur évolution propre[1].

Villon était-il fou? Que non pas. Ses huitains témoignent assez du contraire. La lésion psychique, origine de ses frasques, n'était sans doute pas assez étendue pour le mener jusqu'à la vésanie complète. Cette lésion même paraît s'être manifestée seulement par intervalles, avec quelques rémissions. Mais quand l'écolier-poète traverse une de ses méchantes périodes, ou s'il évolue dans un mauvais milieu, ses gestes sont alors emprcints comme de folie : il est instable en ses desseins, impulsif, menteur, cynique, vaniteux, voleur, bref socialement inadaptable, et commet crime sur délit.

Rassemblés chez un même individu, ces traits y forment trop bien le « bloc de stigmates » décrit par l'aliéniste Régis, pour qu'il y ait à hésiter sur le diagnostic[2]. On est en présence d'un dégénéré doublé d'un malfaiteur, d'un sujet portant l'empreinte d'une hérédité pesante ou d'antécédents pathologiques personnels.

Que les chocs moraux d'une carrière exceptionnellement raboteuse aient, pour une part, placé Villon en état d'opportunité morbide et

1. Corre, *Les Criminels*, Paris, Doin, 1889, p. 246.

2. Régis, *Précis de Psychiatrie*, 5e éd., Paris, Doin, 1914, p. 220-239.

de moindre résistance ; qu'ils aient altéré chez lui le fonctionnement régulier des centres psychiques, c'est possible, c'est probable. Mais la cause principale, préparante, de sa psychose est plus vraisemblablement l'hérédité, cette hérédité qui, selon Magnan, rayonne sur toute la pathologie mentale[1].

* * *

« Si l'habitude est une seconde nature, la nature est aussi une première habitude », a dit Pascal. Certaines accoutumances, enracinées dans plusieurs générations consécutives, y provoquent une déformation sensible du type initial.

Le parentage de François de Moncorbier dit Villon est trop mal connu pour qu'il soit prudent d'attribuer à telle ou telle influence nosogénique les tares acquises par ses ascendants éloignés et, de père en fils, transmises jusqu'au poète, dernier de la lignée. Mais, de son agnation immédiate, lui-même confesse :

Povre je suis de ma jeunesse,
De povre et de petite extrace ;
Mon père n'ot oncq grant richesse,

1. Magnan et Legrain, *Les Dégénérés*, Paris, Rueff, 1895, p. 50.

Ne son ayeul nomme Orace;
Povrete tous nous suit et trace.

[*Testament*, v. 273-277.]

Précieuse confession. Cette pauvreté qui résume l'histoire des Moncorbier nous livre déjà la clé de leur déchéance physiologique.

Être pauvre est en tout temps un triste lot. Pendant la guerre de Cent ans, compliquée par les luttes privées des princes, c'est le sort le plus calamiteux.

La guerre, interminable malgré trêves ou paix fourrées, fait peser sur le vilain de la campagne française une misère atroce : exactions des hommes d'armes, nourris de proie et de rapine ; villages ruinés, moissons ravagées, rareté du blé, famine ; peste, par surcroît, à l'état endémique, ou charriée par les routiers obligés à cheminer sans cesse par l'absence de ravitaillement et promeneurs de contagion.

Ainsi la plèbe des champs souffre mille morts et passions... Mais le peuple de la grande ville est-il mieux partagé? Depuis le début du XVe siècle, nobles et riches se sont exilés peu à peu de Paris, fuyant ses tumultes et ses occupants successifs : Cabochiens, Bourguignons, Anglais ; vingt mille maisons sont vidées de leurs habitants. Grevés d'impôts, écrasés sous les prestations de toutes sortes, les bourgeois épousent tour à tour des causes politiques diverses, tentent d'échapper à la tyrannie par l'émeute et n'aboutissent qu'à la permanence de l'anarchie. Pas de police, ou si peu! la ville est infestée de larrons qui opèrent dès la nuit tombée ; pas de voirie, l'immondice croupit à chaque porte et le fumier engendre l'épidémie ; pas de commerce, faute d'assurance en l'avenir et de foi dans la monnaie adultérée du roi ; l'argent se cache, le pain est cher, la disette règne. Or, quand le Parisien de condition moyenne a peine à subsister, quelle n'est pas la détresse du manant sans privilèges ni droit de cité, sans chevance ni crédit? La malefaim toute l'année l'accompagne et le pauvre hère, opprimé, a beau crier vengeance à son Dieu créateur ; son créateur a l'oreille dure.

S'il est vrai, comme pense Féré, que c'est moins en raison de la fatigue personnelle qu'en raison de l'épuisement héréditaire, du « surmenage capitalisé », que la race subit l'impôt progressif de la dégénérescence[1], François Villon, aboutissement final de plusieurs générations de meurt-de-faim, amoindries, disloquées par une tourmente presque unique dans l'histoire, ne pouvait être qu'un dégénéré.

1. Féré, *Dégénérescence et criminalité*, Paris, Alcan, 1888, p. 89.

Aussi en fut-il un. Même il offrit (assemblage assez rare chez les sujets supérieurs de sa catégorie), en même temps que les symptômes psychiques qui feront l'objet principal de cette étude, certains stigmates physiques dignes d'être notés.

Bien que les deux ordres de stigmates de la dégénérescence (physiques et psychiques) ne suivent pas forcément une marche parallèle, ni ne se dénoncent mutuellement, ils coexistent pourtant dans la plupart des cas, parce qu'ils ont même origine : l'hérédité.

CHAPITRE DEUXIÈME

Les stigmates physiques des dégénérés. — Autour du système pileux de Villon. — Un alopécique congénital. — Ras comme un navet qu'on pèle. — Sénilité précoce et décadence prématurée. — Bacillose pulmonaire (?).

II.

Les marques extérieures de la dégénérescence consistent en diverses anomalies : difformités, arrêts ou excès de développement, dus soit à des troubles de la nutrition durant la vie intra-utérine, soit à des maladies de la première enfance.

Les plus communs de ces visibles indices sont l'asymétrie faciale ou bien crânienne, la déviation de la cloison du nez, le prognathisme, le strabisme, la microcéphalie, les troubles du système pileux, la sénilité précoce, etc. Il faudrait une page pour tout cataloguer.

Aucun portrait authentique de Villon n'est

parvenu jusqu'à nous pour fixer notre certitude sur la coupe de son crâne ou la ligne de son nez.

Cependant, on sait, à n'en pouvoir douter, qu'il présentait des signes physiques de dégénérescence. Il était assurément glabre jusqu'à l'alopécie et certainement frappé de sénilité précoce.

Le bibliophile Jacob (Paul Lacroix) a même hasardé que Villon devait être louche. Tare intéressante, si elle avait été réelle, car le strabisme congénital traduit un défaut d'équilibre dans l'influx moteur émané des points de l'écorce préposés aux mouvements du globe oculaire, déséquilibre assez fréquent chez les dégénérés criminels. Mais l'hypothèse de Paul Lacroix, comme pas mal d'autres du même auteur, est sans fondement sérieux. Nous le démontrerons ailleurs [1]. Passons.

Si le strabisme de Villon est plus que douteux, son alopécie, en revanche, est certaine. Lui-même se dépeint ainsi :

N'ot oncques ung brin de persil.
Il fut rez, chief, barbe et sourcil,
Comme ung navet qu'on ret ou pele.

[*Test.*, v. 1895-97.]

1. *François Villon était-il Parisien?* (brochure en préparation).

D'où Marcel Schwob a déduit que Villon fut rasé par autorité de justice « pour faire disparaître sa tonsure », afin qu'on le pût traiter en pur homme laïc et le passer à la question. Mais, pour détonsurer un clerc, lui rasait-on barbe et sourcils?

Plus loin, dans les strophes précédant les ballades finales du *Testament*, Maître François risquera une nouvelle allusion à son système pileux :

Trop plus mal me font qu'oncques mais
Penil, cheveulx, barbe, sourcis.
Mal me presse ; est temps desormais
Que crie a toutes gens mercis.

[*Test.*, v. 1964-67.]

A tenir pour vérité ces quatre vers, on serait tenté d'assigner des causes pathologiques à la glabréité du poète. Paul Lacroix, plus haut cité, n'a pas résisté à la tentation. Il prête même à Villon « de vilaines maladies, fruit de ses débauches ». Elles lui auraient fait tomber les cheveux, la barbe et les sourcils. Du pénil, le bibliophile se tait, par bienséance. Mais il ne s'est point demandé comment Villon, ras tel un navet pelé, pouvait souffrir, jusqu'à en mourir, de poils absents?

C'est que Paul Lacroix oublia que le *Testa-*

ment (à part certains couplets trempés de mélancolie, hors-d'œuvre et chefs-d'œuvre à la fois, sur le néant de vivre et l'horreur de mourir) n'est, de bout en bout, qu'une farce suivie, un chapelet de calembredaines, patenôtres de gros sel, ramassis d'allusions bouffonnes parfois, souvent amères, toujours d'une ironie aiguë, mais, avant toute chose, à ne point prendre au pied de la lettre.

Villon n'écrit pas son testament parce qu'il redoute une mort prochaine. A cette clause de style, libellé de tous les testateurs du temps : « ... Pour ce que je connais approcher ma fin... », il substitue cet audacieux calembour :

Je congnois approcher ma seuf....

[*Test.*, v. 729.]

Après le rude été passé dans les chartres de l'évêque Thibault d'Auxigny, aux chevilles les ceps, les grésillons aux pouces, Villon se trouve bien failli et mal en point. On le serait à moins. Mais il ne se croit pas, certes, aussi touché que peut-être il est réellement. Tout de suite il nous en avise : s'il rédige ses volontés dernières, c'est qu'il se sent faible

Trop plus de biens que de santé.

[*Test.*, v. 74.]

C'est ainsi que, ne possédant rien, il estime indispensable de léguer ce qu'il n'a pas. Et toute l'économie du *Testament* tient dans cette boutade. De vraie maladie, point.

Pourquoi donc, bien portant ou se figurant tel, Villon, à la fin de son poème, accusera-t-il soudain des douleurs si cruelles? Pourquoi se dira-t-il contraint, tant le mal le presse, de couper court à ses libéralités et de quitter ce monde en hâte, criant à toutes gens merci?

Pourquoi? Mais d'abord parce qu'à chaque œuvre il faut approprier le dénouement. Pour clore un testament, quel prétexte plus impératif qu'une agonie brusquée? Ensuite, parce qu'après avoir réparti entre des hoirs de fantaisie tant de biens imaginaires, on ne saurait mieux succomber qu'à une maladie paradoxale[1]. Dès lors, quoi de plus logiquement dérisoire que ce mal aux cheveux (jusqu'au pénil encore) d'un mortel qui n'a de vaillant pas un poil?

Ainsi s'explique que Villon ait tenu précédemment à faire part au lecteur de sa disgrâce pilaire, quand rien ne l'y forçait ; rien, hormis le

1. De même qu'il meurt d'un mal inexistant, de même Villon ordonne sa sépulture à Sainte-Avoye, seule chapelle de Paris où l'on ne pouvait inhumer un mort, car elle était sise au premier étage. C'est le même ordre de plaisanterie.

souci artiste de préparer, de longueur, la facétie de ses affres prétendues.

* * *

Quelques mots sur l'alopécie, et nous allons voir pourquoi celle de Villon ne pouvait être causée par la maladie.

L'alopécie est proprement l'absence ou la chute des poils, bien que parfois on donne, par abus de mots, ce nom à l'alopécie partielle du cuir chevelu, à la calvitie ordinaire.

Cependant, le médecin distingue entre l'alopécie congénitale et l'alopécie acquise.

Consécutive à certaines affections chroniques (tuberculose, chlorose, syphilis), ou encore produite par une sécrétion exagérée de sueur et de matière sébacée — l'alopécie se limite le plus souvent à la perte des cheveux. La déglabration peut survenir par suite d'une infection séborrhéique généralisée ou d'une maladie desquamative. Mais si l'alopécie pelliculaire des sourcils, bien peu fréquente, se rencontre quelquefois, la chute totale de la barbe ne se produit jamais. Dans les cas les plus graves de pityriasis, les poils longs de la moustache tombent, diffusément, avec des arrêts et des reprises, mais sans qu'elle soit complètement détruite ; elle peut s'éclaircir, d'un tiers au maximum, jamais disparaître.

L'alopécie congénitale, quoique très rare, est au contraire caractérisée par l'absence complète de barbe. Et voici son processus habituel. L'enfant naît sans poils. Les cils, puis les sourcils, apparaissent après quelques années, plus ou moins abondants, plus ou moins durables ; c'est ensuite au tour des cheveux, clairsemés, fragiles ; ils poussent, avortent, tombent, repoussent, retombent... Vienne la puberté : la barbe, elle, ne se montre même pas.

Ainsi, l'alopécie acquise ne détruit jamais totalement la barbe ; l'alopécie congénitale l'empêche toujours de naître.

Si donc Villon fut, chef, *barbe* et sourcils, ras comme un navet qu'on épluche, c'est que son alopécie n'était pas acquise, mais certainement congénitale.

Or, pas de stigmate plus infaillible de dégénérescence. C'est le dernier degré de l'échelle, enseigne Bérillon[1].

* * *

Comme coïncidence (note Alphandéry), il

1. Edgar Bérillon, *Cours professé à l'École de psychologie*, 1890.

faut signaler le caractère changeant, la constitution débile des dégénérés alopéciques[1].

La versatilité de Villon sera examinée plus loin. La débilité de sa constitution est attestée par sa précoce sénilité. A trente ans, la vieillesse déjà l'assiège. Il est « plus maigre que chimère », usé jusqu'à la moelle et si caduc avant l'âge que les filles se gaussent de lui :

Qu'est-ce a dire? que Jehanneton
Plus ne me tient pour valeton,
Mais pour ung viel usé roquart,
De viel porte voix et le ton,
Et ne suys qu'ung jeune coquart.

[*Test.*, v. 732-36.]

Cette décadence prématurée, suite de l'usure hâtive de tous les organes, est une des déviations constitutionnelles souvent rencontrées chez les malfaiteurs[2] — la plupart des stigmates de la dégénérescence concordant avec les pseudo-stigmates de la criminalité[3].

1. Alphandéry, article *Alopécie*, dans la *Grande Encyclopédie*.

2. J. Dallemagne, *Stigmates biologiques et sociologiques de la criminalité*, Paris, s. d., *passim*. — Cf. Thierry et Francotte, *Examen anthropologique de prisonniers, etc.* (*Actes du Congrès d'anthropologie criminelle*, 1892).

3. Cette concordance à peu près constante disculpe les anthropologistes qui professèrent l'existence d'un type cri-

Lauvergne a observé la sénilité précoce chez des dégénérés impulsifs mis au bagne, comme s'ils succombaient, privés de la liberté, au manque d'expansion de leur activité motrice — et Corre a inféré de cette observation qu'il existe, chez eux, une sorte d'éréthisme permanent des foyers incitateurs[1]. Villon fut un impulsif (on le constatera ci-après) et souvent il fut incarcéré.

Il n'est point interdit d'admettre que, s'ajoutant au manque de liberté, les rigueurs endurées par le poète, à Meung, plusieurs mois durant, l'aient beaucoup éprouvé. Il y dut gagner, pour le moins, une bronchite chronique :

Je crache blanc comme coton,
Jacopins gros comme ung esteuf...

[*Test.*, v. 730-31.]

Jusqu'à Charles IX, les prisons seigneuriales n'étaient guère que des souterrains ; l'article 55 de l'ordonnance d'Orléans, rendue en 1560, défendra que les prisons des hauts justiciers soient « faites plus bas que le rez-de-chaussée ».

minel, alors que ce type spécifique est encore à décrire scientifiquement. Mais il y a presque toujours désharmonie physique chez les criminels. (Voir Mayet, *Thèse de Lyon*, 1902, et Émile Laurent, *Les Habitués des prisons de Paris*, Paris et Lyon, 1888.)

1. Corre, *loc. cit.*, p. 293.

Le séjour en était terriblement malsain. Aussi le philologue P. Borel, conseiller et médecin ordinaire de Louis XIV, dans son *Trésor de recherches et antiquitez gauloises et françoises,* définira-t-il : « *Chartre,* c. prison ; *estre en chartre,* c'est estre phthisique. »

CHAPITRE TROISIÈME

Les stigmates psychiques de Villon prouvés par ses aventures. — Instabilité du poète-écolier. — L'affaire du Pet-au-Diable et les « cessations ». — Villon fut-il mêlé à ces émeutes scolaires? — Influence capitale du milieu.

III.

A défaut des tares physiques énumérées ci-dessus, les aventures spéciales de Villon trahiraient sa psychose.

Autant que nous-même, nos lecteurs sont instruits des accidents de cette existence cahotée[1]. Une biographie détaillée serait ici hors de saison. Il nous suffira de prendre au hasard certains des actes les plus déconcertants de l'écolier-poète et de mettre en regard certains des stigmates psychiques de la dégénérescence ; on verra comment seuls ceux-ci rendent raison de ceux-là.

1. Voir ci-dessus le *Mémento biographique*.

Instabilité, amoralité ; ces deux tares commandent la mentalité du dégénéré supérieur. Il n'a point de suite dans les idées et il souffre d'une éclipse du sens moral.

Son instabilité l'empêchera toujours de profiter des leçons de l'expérience et fera de lui tour à tour un impulsif, à la merci de ses propres passions, voire d'événements fortuits, ou un suggestif, jouet des influences de son milieu. Cette même instabilité créera chez lui des alternatives d'excitation et de dépression cérébrales, très propres à favoriser soit des crises de mélancolie, soit certaines manies inhérentes à un besoin maladif de changement.

Son amoralité engendrera naturellement égoïsme, vanité, cynisme, mensonge.

Villon est, par excellence, inconstant et versatile ; il rit en pleurs, tourne à tout vent et lui-même reconnaît ses « lubres sentiments[1] ». Villon ne saurait s'accommoder d'une façon de vivre ordonnée, partant monotone.

Même après les « bouillons » dont le « déjeta » son plus que père, Guillaume de Villon ; après les géhennes de sa chair, les verges, l'*in pace*, le

1. Lubre = instable, glissant. Traduction de M. Bijvanck, *Spécimen d'un Essai critique sur les œuvres de F. Villon*, Leyde, 1882, p. 15 et suiv., et Pierre Champion, *François Villon, sa vie et son temps*, Paris, Champion, 1913, t. I, p. 49.

tréteau de la question, après la menace du gibet, et quels que soient, toutes hontes bues, les regrets qu'il affiche, jamais il ne se corrigera pour de bon ; toujours il reviendra au vice, comme le chien de l'Écriture à son vomissement.

Il n'eût tenu qu'à lui, pourtant, de couler des jours tranquilles à l'ombre des arceaux du cloître Saint-Benoît-le-Bétourné... Bachelier ès arts à dix-huit ans, il est reçu maître à vingt et un, minimum d'âge[1]. Qu'il poursuive ses études, et demain, s'il veut, il sera bachelier en décret, comme son protecteur qui, naguère, professait dans les écoles du Clos-Bruneau. Villon préférerait-il être d'église, avoir chapellenie? Il est clerc à simple tonsure et sa nomination de la Faculté l'habilite à solliciter un bénéfice, les deux tiers des prébendes étant réservées aux gradués de l'Université. Sans doute, postuler n'est pas tenir, et la concurrence est nombreuse. Mais nombreuses aussi sont les relations du bon chapelain qui a nourri son enfance, protégé son adolescence.

Vénérable et discrète personne Maître Guillaume de Villon n'a-t-il pas pour compères Jacques Séguin, l'opulent prieur de Saint-Martin-des-Champs ; l'avocat Michel Piédefer, fils

1. Ch. Thurot, *De l'organisation de l'enseignement dans l'Université de Paris au moyen âge*, Paris, Dezobry, 1850, p. 60.

de l'ex-président du Parlement ; Jean Turquant, lieutenant criminel du prévôt ; Pierre Gay, official de l'évêché? Combien d'autres encore? Pour tout dire, n'a-t-il pas fondé son obit dans la grande Confrérie aux bourgeois, pécunieuse autant que pieuse réunion de Parisiens huppés, où figurent le roi de France et la reine elle-même?... François, lui aussi, connaît des amis puissants. Étienne de Montigny, chanoine à Saint-Benoît, a un neveu de son nom, le jeune Régnier : ce mauvais drôle triche au jeu et finira pendu ; mais, en attendant, il fraye avec les gens de panse et de finance, pour qui noblesse passe richesse. Pierre de Saint-Amant, clerc du Trésor et secrétaire du roi, allié aux Montigny par les Canlers et les Danes, ouvrit sans doute à son parent des portes, closes d'ordinaire. Régnier, à son tour, les entre-bâilla pour son ami François. Et le pauvre écolier vit de pair à compagnon avec les rejetons des plus gros ventres dorés qui soient en l'Ile-de-France. Ces futurs bénéficiaires de ses legs burlesques et vengeurs sont : les frères Raguier, cousins du trésorier des guerres ; les frères Perdrier, issus de Guillaume, le changeur ; Philippe Bunel, seigneur de Grigny, fils de l'ancien argentier de madame Isabeau de Bavière ; Jean Le Cornu, déjà receveur des aides de la guerre, nonobstant sa jeunesse et, bientôt, clerc de la prévôté. Villon hante aussi dans le monde judiciaire : il y a pour camarades Ythier Marchand, né d'un conseiller au Parlement ; Robert Vallée, avocat ; Pierre Fournier, doublement procureur, de Saint-Benoît et de l'Université ; même il est admis, rue de Jouy, chez messire Robert d'Estouteville, prévôt de Paris, et il trousse des vers pour la prévote, douce dame Ambroise de Loré, que son mari conquit à certain pas d'armes de René d'Anjou[1]...

Tout autre que Maître François tirerait parti de ces amitiés luxueuses, en vue d'améliorer son avoir et son avenir. Lui ne connaît que le présent, la godaille immédiate : tavernes, étuves et bourdeaux, avec leur train de joies : brocs heurtés, pots lampés, garces baisées, propos gras, chants, rires, flûtes. De tous les gracieux galants, ses amis, il fait bon (trouve-t-il) partager les plaisirs coûteux et probablement aussi rafler les beaux angelots d'or au brelan, au glic, à la marelle. Montigny, avant que de quitter Paris, banni pour quelques sergents assommés, lui enseigna l'art de hocher et jeter ces dés d'avantage, avec quoi l'on gagne à point nommé. Et Villon se revanche ainsi de son en-

1. Pour tous les noms, voir le beau livre, déjà cité, de Pierre Champion, *Villon, sa vie et son temps*, passim.

fance besogneuse. Foin des projets de naguère et du labeur universitaire et de la médiocrité de clergie! Qu'importe demain, pourvu qu'aujourd'hui nous change d'hier!

* * *

Peut-être l'affaire du Pet-au-Diable, par les troubles qu'elle suscita au pays latin (1451-1453), contribua-t-elle, autant que la fréquentation de trop riches « compaings de galle », à détourner de sa route Maître François, écolier laborieux!

A tout le moins, elle ouvrit pour lui une ère fâcheuse de nonchaloir et d'oisiveté, en raison des « cessations » (suspension totale des cours dans les écoles et des sermons dans les églises) décrétées par l'Université, comme représailles d'atteintes portées à ses prérogatives.

Encore que vingt fois contée, il faut bien, en bref, la redire ici, cette histoire folle et grave de la borne du Pet-au-Diable, orgueil de l'hôtel de Mlle de Bruyères, rue du Martroy-Saint-Jean. Les écoliers, par une belle nuit de 1451, arrachent cette pierre pour l'ériger chez eux, au Mont-Saint-Hilaire. Plainte de la propriétaire, information de justice, saisie de la borne par les sergents, qui la redescendent sous bonne escorte dans l'enceinte de l'hôtel du roi. Mais voici que les écoliers, épaulés par les basochiens, la viennent reconquérir à main armée. Cette fois, le lieutenant criminel se fâche. Depuis longtemps les bourgeois paisibles gémissent des exactions et sabbat de ces jouvenceaux lettrés qui, dans Paris, décrochent les enseignes, arrachent les crocs des bouchers, saccagent treilles et vignes, volent poules et poulets... Pour comble, ne s'avisent-ils pas de chiper la nouvelle borne qui remplace, rue du Martroy, le Pet-au-Diable déplanté et, l'ayant baptisée la Vesse, ne prétendent-ils pas la conjoindre au Pet en justes noces, même contraindre les officiers du roi qui passent à saluer ces mariés d'un nouveau genre?... C'en est trop ; la prévôté sévira. Un matin de mai (1453) les archers donnent l'assaut au quartier des écoles ; par eux les deux bornes sont récupérées de haute lutte et quarante étudiants appréhendés.

Mais l'Université s'émeut. Déjà, dans l' « acte de réformation », obtenu du pape par le roi et promulgué l'année précédente, elle avait vu un empiétement du pouvoir civil sur ses droits. Va-t-elle tolérer cette chose inadmissible que des suppôts de l'Université, justiciables de la seule Église depuis Philippe-Auguste, soient incarcérés par ordre du Châtelet? Une procession se forme pour aller réclamer les captifs. Recteur en tête, huit cents écoliers dévalent vers la rive droite de la Seine, où loge le prévôt. Soucieux d'éviter un conflit de juridiction, celui-ci consent à rendre les prisonniers. Il n'empêche qu'au retour une bagarre éclate entre manifestants et sergents : le recteur est menacé, un étudiant navré à mort, sans parler des horions échangés... La querelle fut portée au Parlement qui, le 12 septembre suivant, donnait, comme à son ordinaire, gain de cause à l'Université. Elle maintint pourtant plusieurs mois encore les « cessations » prononcées.

Il n'est pas démontré que Villon prit directement part à ces émeutes scolaires. Le fait qu'il s'en improvisa l'historiographe autorise néanmoins la conjecture que, prudence sauve, il contempla d'assez près la mutinerie. Témoin ce legs du *Testament* à Guillaume de Villon :

Je luy donne ma librairie
Et le Romant du Pet au Deable...
Par cayers est soubz une table ;
Combien qu'il soit rudement fait,
La matiere est si tres notable
Qu'elle amende tout le mesfait.

[*Test.*, v. 857-64.]

La manière littéraire de Villon est toute subjective. Il ne peint les choses qu'à travers ses passions et pour autant qu'elles le touchent directement ou par un ricochet très court. Autrement, il passe outre. Jamais il ne décrit pour le plaisir, par dilettantisme d'auteur. Si, de ce *Romant du Pet-au-Diable* (malencontreusement perdu pour la postérité), Villon estime la matière « si très notable » que la beauté du fond compense la rudesse de la forme, n'est-ce point parce qu'il vécut ces jours d'émeute, acteur peut-être autant que spectateur?

Eût-il pu, d'ailleurs,

Ne du tout fol, ne du tout sage...
Povre de sens et de savoir...

[*Test.*, v. 3 et v. 176.]

s'abstraire de ce milieu, se soustraire à l'entraînement grégaire? C'est douteux.

La suggestion semble un des facteurs les plus puissants des actions humaines. L'exemple agit sur nous avec une force indubitable. Il flatte notre paresse en nous épargnant d'avoir à penser. Nos cerveaux sont comme des harpes éoliennes vibrant à l'unisson d'autres cerveaux. Les crimes collectifs des foules ne sont que de la contagion mentale.

Maître François avait déjà, à cette étape de sa courte vie, une réputation à défendre autre que celle de bon rimeur, une renommée à soigner dans la nation latine. Les méchants tours, cités plus haut, des écoliers casseurs d'enseignes, robeurs de poules, pilleurs de treilles — ces gentillesses sont tout à fait dans le goût des folâtreries de Villon, écornifleur et filou, metteur en scène des repues franches. Elles sont marquées à son coin...

L'homme vertueux n'est parfois qu'un coquin en puissance, auquel manqua, seule, l'occasion de se révéler. Villon, tant que ses vices demeurent compatibles avec une certaine probité de surface, tant que son intérêt n'entre pas en conflit violent avec les intérêts d'autrui, reste d'une honnêteté relative, ou du moins il ne tombe pas dans le crime.

Et Maître François, en dépit de ses écarts de jeunesse, eût peut-être laissé, comme tant d'autres gredins qui ne firent point scandale, la mémoire d'un homme « à bonnes mœurs dédié » si le hasard et sa psychose n'en avaient décidé autrement.

CHAPITRE QUATRIÈME

Le meurtre de Sermoise, acte d'un impulsif. — Mécanisme de l'impulsion chez le normal et l'anormal. — Le cas juridique de Villon. — Il « s'absente » de Paris. — Dromomanie et claustrophobie. — Un « goliard » de plus.

IV.

N accident va déraciner Villon, le transplanter de médiocre terre en terrain exécrable. Le jour de la Fête-Dieu 1455, précisément le 5 juin[1], Villon, après souper, était assis sous le porche de Saint-Benoît-le-Bétourné. Il jasait d'amitié avec un prêtre nommé Gilles et une fille dite Ysabeau. La cloche de l'horloge allait timbrer l'angélus de neuf heures, lorsque surgit un autre ecclésiastique, Philippe Sermoise, accompagné d'un Breton, Jehan Le Merdi, maître ès arts comme Villon.

1. L'an 1455, *nouveau style*.

Sermoise paraissait très échauffé contre le poète (histoire de femme sans doute) ; il dédaigna la place que Villon, se dressant, lui offrit à ses côtés : « Je renie Dieu! s'exclama-t-il. Je vous trouve enfin, Maître François! »

Et comme celui-ci, onctueux et placide, le priait de décliner la cause de son trouble : « Beau frère, de quoi vous coursez vous? » Sermoise, d'une bourrade, le rassit sur son banc. Ysabeau, Gilles et Le Merdi comprirent que les coups allaient tomber et s'éclipsèrent.

Demeuré seul en face de son adversaire, Villon tenta de battre en retraite vers l'entrée du cloître. Mais le prêtre, furieux, le serra de près, le joignit et, sortant une lame cachée sous sa robe, lui fendit la lèvre, d'un coup porté haut. Maître François perdit alors son beau sang-froid de tout à l'heure ; sa main gauche, dans les plis du manteau, tourmentait une dague pendue à sa ceinture[1]. Son bras s'allongea brusquement pour une riposte dans les lignes basses. Atteint à l'aine, Sermoise ne broncha pas d'abord, et continua de courir. Villon, pourtant, prit assez de champ pour ramasser à terre une grosse

1. Villon était-il gaucher, comme (dit-on) nombre de dégénérés? — Voir : L. Jobert, *Les droitiers comparés aux gauchers au point de vue anthropologique et médico-légal* (Thèse de Lyon, 1885).

pierre. Or, Jehan Le Merdi, reparu, déjà sautait sur lui et cherchait à le désarmer, tandis que Sermoise avançait toujours, quand Villon, de sa main libre, lui lança fort à propos la pierre en pleine figure : le prêtre tomba. Laissant Le Merdi soigner le blessé, Maître François s'enfuit.

Dans cette conduite de Villon, comment méconnaître le signe de l'impulsivité morbide?

Tous, nous sommes plus ou moins des impulsifs, tributaires de cet appétit de mouvement par lequel nos sentiments soudains tendent à s'extérioriser en actes. Tous nos gestes — bons ou mauvais — dérivent d'une impulsion, c'est-à-dire de la mise en train de certains centres encéphaliques particuliers, soumis aux incitations d'un quelconque de nos sens. Un foyer moteur est ébranlé, à l'ébranlement succède un coup ; ce coup, c'est l'acte.

Le Dr Corre a excellemment comparé ce mécanisme à celui d'une arme à feu. « L'acte (dit-il) suppose entre le cerveau proprement dit et les organes d'exécution l'existence d'une sorte de *gâchette* d'une délicatesse excessive, dont l'intelligence raisonnante est comme le *cran de sûreté ;* où celui-ci manque, où il fait momentanément défaut..., la gâchette n'obéit plus qu'aux ordres de la sensibilité toujours en imminence de pression[1]... »

Mais les effets de l'impulsion varient singulièrement, selon les individus.

L'homme normal réprimera ses tendances à agir sans délai si l'impulsion se heurte dans son cerveau à des états de conscience antagonistes, fruits de son tempérament, de son caractère, de son éducation, et capables de faire cran de sûreté. Ils produiront une indécision suffisante pour que la délibération entre en ligne. Et la volonté — ou ce que l'on convient d'appeler ainsi — choisira entre maîtriser le réflexe ou être maîtrisée par lui.

Chez l'anormal, au contraire, chez le dégénéré, la volonté ne réagit pas ou réagit mal. Les états antagonistes ne jouent pas ou jouent trop tard. La volition automatique primitive l'emporte. Il n'y a pas forcément inconscience. Le plus souvent, même, l'impulsif garde — quoique la passion atténue la netteté de ses opérations cérébrales — la notion de son acte. Il en entrevoit les conséquences, s'il ne les mesure très exactement. Mais le besoin de mouvement est le plus fort, la raison se dérobe. Il y a bien un intermédiaire idéo-émotif (plus ou moins

1. Corre, *loc. cit.*, p. 283.

bref) entre la stimulation et l'action ; celle-ci ne s'ensuit pas moins. La gâchette part, fatalement en quelque sorte.

Villon, prudent et rusé, n'est pas de ceux qui recherchent les noises. A faire front, il préfère biaiser ou rompre. Aussi a-t-il reçu très civilement la première bordée de Sermoise. Le prêtre est probablement un de ces sanguins chez lesquels les chaleurs de juin provoquent de l'hyperémie vasculaire[1]. Il a la colère pourpre. Tout de suite il menace, de la voix, de la main. Villon, lui, rage blanc, guette, dissimule, voit venir, se contraint et se contient.

Mais plus la contention est forte, le ressort bandé, plus rapide sera la détente. Villon n'a pas réagi d'abord et, même bousculé, ne fonça point sur l'adversaire. Il perd le contrôle de ses réflexes dès qu'il sent le fer, dès que son sang coule. Du moins le contrôle devient inopérant. Cette impuissance inhibitoire de sa volonté raisonnée, jointe à sa conscience du phénomène, crée en lui une angoisse spéciale. Celle-ci ne trouvera désormais son soulagement que dans la satisfaction donnée aux centres

1. Les calendriers de la criminalité indiquent que les crimes contre les personnes sont plus nombreux en juin qu'à toute autre époque de l'année, tandis que les attentats à la propriété prédominent en décembre.

nerveux hyperexcités. Coûte que coûte il faut qu'il frappe. Et il frappe, non pas au hasard, mais juste au bon endroit, du couteau, puis de la pierre. Aussitôt qu'il est soulagé, avec l'apaisement instantanément né de cette réaction, le naturel reprend ses droits, c'est-à-dire la prudence, et — bien qu'il n'ait plus rien à craindre d'un ennemi à terre — Villon s'enfuit...

***

Évidemment, Maître François ne songea qu'à cacher l'événement à son protecteur, Guillaume de Villon. Étant allé faire panser sa lèvre fendue chez un barbier nommé Fouquet et celui-ci, comme c'était la règle, requérant son nom et celui de son agresseur, Villon dénonça Sermoise, mais déclara se nommer, lui, Michel Mouton.

Mensonge puéril que le poète pouvait s'éviter aisément. Au lieu de se faire appareiller par Fouquet, que ne confiait-il sa blessure aux soins de Jean Flastrier, établi barbier rue Saint-Jacques, près de Saint-Benoît? Flastrier lui aurait gardé le secret vis-à-vis des sergents, car il était neveu de Maître Guillaume; mais sans doute aurait-il bavardé à son oncle. Voilà ce que craignait Villon.

Cependant, quelle était la situation du point de vue juridique?

Que Sermoise mourût ou non, Villon ne pouvait manquer d'être poursuivi[1]. Les ordonnances royales ne toléraient le port de la dague qu'aux nobles, aux officiers et aux gens d'armes du roi. Tout autre était contrevenant et punissable.

Sans doute, comme clerc, Villon homicide échappait à la juridiction du prévôt de Paris. Le privilège du *for*, étendu aux moines et aux écoliers, lui garantissait un tribunal ecclésiastique. Mais il avait occis un prêtre, circonstance aggravante, en dépit de la légitime défense. Se faire revendiquer par l'évêque de Paris et comparoir devant l'official sous une telle inculpation, c'était perdre plutôt que gagner au change.

Car le prévôt était alors ce Robert d'Estouteville que Villon avait chanté en vers : on pouvait espérer de lui quelque indulgence. Accepter, d'autre part, sans protester la compétence prévôtale, c'était, pour l'avenir, abdiquer le privilège de clergie, renonciation bien périlleuse.

Or, Villon pouvait esquiver à la fois official et prévôt. La communauté de Saint-Benoît

1. Sermoise trépassa cinq jours plus tard.

jouissait, parmi ses prérogatives, du droit de haute, moyenne et basse justice dans le cloître et en plusieurs lieux environnants. Elle avait ses geôles toutes proches et ses fourches patibulaires à Limeil, sur le chemin de Brie-Comte-Robert. La rixe entre Sermoise et Villon, à la porte même de l'église, sur sa terre, permettait à Saint-Benoît d'appréhender le meurtrier, de le juger, de l'absoudre.

Ainsi, par un aveu loyal, intéresser à sa cause Guillaume de Villon ; grâce à lui, faire évoquer l'affaire par Saint-Benoît ; au pis aller, pour attendre l'issue de ces démarches, se mettre en franchise à Notre-Dame ou à Saint-Jacques-la-Boucherie, chez les Grands Augustins ou chez les Carmes de la place Maubert — dans l'une enfin des huit églises qui détenaient à Paris le droit d'asile — tel était le parti que dictait la raison.

Ce fut naturellement à un autre que Maître François s'arrêta : il préféra « s'absenter », comme on disait alors, quitter Paris.

* * *

Combinées, la manie de changement qui tourmente les dégénérés et l'angoisse qui les assujettit à extérioriser leur volition au moindre coup de fouet du dehors, se transposent, sur un autre plan, en impérieux désir de se mouvoir, de vivre une vie différente, de voir du pays. Chez eux, le goût des voyages va jusqu'à l'idée fixe.

Si le véritable automatisme ambulatoire avec inconscience et amnésie consécutive est exceptionnel, en revanche le penchant au vagabondage, irrésistible quoique inconscient, la « dromomanie » (le terme est de Régis), est une tare fréquente chez les anormaux.

Pour s'assouvir, ils ne redoutent ni l'extravagance, ni les privations.

La plupart de ces grands « marcheurs » qui, de nos jours, entreprennent le tour du monde à pied sont des dromomanes aspirant à se singulariser. Au reste, s'ils partent en fanfare, ne les voit-on guère revenir, leur prouesse accomplie ; en route ils ont changé d'idée (instabilité).

Infiniment plus nombreux, les chemineaux célébrés par Richepin et Bruant, qui vaguent sur le trimard, évitant les villes, vivant d'un croûton, buvant au ruisseau, sont aussi des dromomanes, mais qui s'ignorent. Une griserie d'indépendance illusoire les aide à supporter leur état de chiens errants. Ils se soûlent de volupté maladive au trimballement continuel de leur paresse.

L'histoire littéraire offre plusieurs échantillons de ces itinérants volontaires — ou plutôt involontaires, puisque leur apparente liberté se plie à la tyrannie d'un instinct. Gringore, Dassoucy ; plus près de nous, Gérard de Nerval et Albert Glatigny furent des marche-à-pied notoires. Villon, qui ouvrit la liste, en rehausse l'éclat.

* * *

Une autre émotivité morbide commandait encore la fuite à l'écolier-poète.

La dromomanie ne va guère seule. Elle a pour compagne obligée la claustrophobie, la terreur des endroits clos, dont Ball a démonté et décrit les rouages[1].

Le claustrophobe ne peut souffrir l'impression du séjour dans un lieu fermé, même s'il est sûr d'en pouvoir sortir ; *a fortiori*, s'il y est retenu par contrainte. Dans les prisons, si le rural redoute peu la solitude, le délinquant urbain la supporte fort mal. La canaille des villes est très « sociale » par routine ; elle se plaît au tassement du bouge, au grouillement de la rue. Villon prévoyait-il les « angoisseux gémissements » que lui arracherait un jour, dans ses

1. *Annales médico-psychologiques*, 1879, t. II, p. 378.

culs-de-basse-fosse, l'implacable évêque Thibault d'Auxigny?... A se clore en franchise dans quelque lieu d'asile, il préféra partir et cheminer à l'aventure.

Où alla-t-il, quittant Paris? Se réfugia-t-il, comme on l'a souvent répété, à Bourg-la-Reine, « témoin l'abbesse de Pourras »? Il est plus logique de penser, avec Louis Thuasne, que le premier soin de Villon fut de s'éloigner du pays de Hurepoix, où les sergents du Châtelet avaient droit de regard, et de piétonner au large sur les champs[1].

Toutefois, si l'on ne sait au juste où il alla, on sait trop bien ce qu'il devint : il grossit les rangs de ces clercs vagabonds qu'on surnommait *goliards*.

Soudards licenciés par la paix, larrons, malandrins, faux monnayeurs, déclassés de toute sorte, formaient alors des compagnies qui couraient la campagne, rançonnaient l'habitant. Une de ces bandes était celle des compagnons de la Coquille ou Coquillards. Des Parisiens y étaient affiliés ; des amis de Villon, comme le noble Régnier de Montigny, qui fut pendu ; comme le roturier Christophe Turgis, frère du tenancier de la *Pomme-de-Pin*, qui fut bouilli ;

1. Thuasne, *Œuvres de Villon*, Paris, Picard, 1923, t. II, p. 25.

comme ce Colin de Cayeux, fils d'un serrurier de la rue Saint-Jacques, proche Saint-Benoît, qui demain sera complice du poète dans le vol du collège de Navarre et qui, après-demain, finira par la corde. Villon fut certainement initié aux secrets des Coquillards, à leurs mœurs cachées, à leur langue mystérieuse, le jargon, qu'il mettra un jour en ballades.

Dès qu'il aura goûté de cette lie, François de Moncorbier sera définitivement perdu : l'engrenage qui l'aura happé ne le lâchera plus. Il offrira peut-être des intermissions d'honnêteté et même de religiosité, aussi flottantes que ses idées sur le bien et le mal. Toujours, malgré ses intentions (surtout verbales) de retour au bien, il rechutera, selon la formule usitée en cour d'Église, *in profundum malorum...*

CHAPITRE CINQUIÈME

Amoralité de Villon. — Variation sur les variations de la morale à travers les temps. — Le sentiment de l'honneur au moyen âge. — Maître François n'est pas un inconscient : il pèche par manque de jugement. — Villon, Verlaine et le zodiaque.

V.

ILLON fut amoral. Entendez par là — ni plus ni moins — qu'il se montra réfractaire au code moral en vigueur de son temps. Expliquons-nous.

L'histoire et l'anthropologie nous enseignent que les hommes, amenés pour leur sécurité réciproque à s'agréger en troupes, acceptèrent de réputer crimes, parce que punis, les actes, d'abord indifférents, de certains des associés, quand ces actes troublaient, dans la quiétude d'un pouvoir usurpé, les plus forts et les plus rusés de la tribu, les chefs et les prêtres. Le meurtre, le vol et l'adultère, par exemple, ne furent crimes à l'origine que lorsque commis à l'égard des puissants.

De cette législation rudimentaire, destinée à faire prévaloir l'usurpation de quelques-uns et à étendre leur empire par le droit de châtier les crimes plus ou moins réels des autres, naquit pourtant, dans le troupeau social, l'idée morale de la faute, du licite et du non-licite. A la longue, les châtiments, d'abord édictés à l'avantage exclusif du petit groupe des chefs, s'appliquèrent aux mêmes crimes quand ils gênaient la collectivité. La substitution progressive au talion du rachat des peines, moyennant amende au profit des législateurs, contribua à multiplier lois et coutumes, lesquelles furent d'emblée proclamées sacrées ; car, de toute antiquité, le propre des agrégats humains fut de créer des choses sacrées — divinisant des hommes, humanisant les dieux.

Ainsi la morale, née de la consécration du crime d'une minorité, finit par profiter à la majorité. Chaque race, chaque peuple, chaque époque eut sa morale, sinon la meilleure, du moins la mieux appropriée à son degré d'avancement. La morale d'un peuple, sa notion du juste et de l'injuste furent la résultante des idées conventionnelles lentement déposées dans les cerveaux d'une génération par les morales successives et diverses des générations antérieures.

* * *

Cependant, par une espèce d'idiosyncrasie, les cerveaux de certains anormaux s'exceptent de la morale de leur temps. Villon ne possédait pas la moyenne en cours parmi ses contemporains. Il subissait, par à-coups, des prédominances fâcheuses de l'instinct sur la raison.

Le code moral du XVe siècle, en Occident, était, du reste, très différent du nôtre. Au moyen âge, le sentiment de l'honneur, par exemple, cette coquetterie secrète, ce luxe de propreté intérieure que nous impose une conscience préparée par l'atavisme et façonnée par l'éducation, n'existait pour ainsi dire pas ; du moins se comportait-il tout autrement qu'aujourd'hui.

Quelques privilégiés s'en arrogeaient le monopole. Pour la noblesse, *honneur* signifiait bravoure et loyauté. Toute lâcheté, toute apparence de recul devant le danger déshonoraient un gentilhomme. Toute félonie disqualifiait son auteur. Passait pour félon, l'homme né qui, parjurant sa foi, trahissait son Dieu, sa dame ou son seigneur — car, envers un ennemi, le guet-apens était permis.

Pour le vulgaire, bourgeois, manants et autres gens de peu, l'honneur était affaire de réputation, de « bruit » ; les actes eux-mêmes ne se jugeaient et jaugeaient guère que du point de vue religieux. Villon et la plupart des hommes de sa génération tenaient les actions pour bonnes ou pour mauvaises selon que l'Église les plaçait ou non au rang des péchés. S'il advenait que certains de ces péchés d'après la loi divine fussent en outre catalogués crimes par la loi humaine, le bras séculier, pour l'exemple social, s'abattait rudement sur le coupable, c'est-à-dire sur le pécheur. Mais son confesseur était là pour l'absoudre *in extremis* et le réconciliait avec Dieu qui,

Combien que le pecheur soit vile,
Riens ne hayt que perseverance.

[*Test.*, v. 103-104.]

Ainsi, pour un vilain, nul déshonneur dans l'acte en lui-même. Et quand Villon dit à sa grosse Margot :

Nous deffuyons honneur, il nous deffuit,

[*Test.*, v. 1626.]

il constate simplement que le métier qu'ils exercent l'un et l'autre est décrié par l'opinion. Mais, de ce décri, Villon n'a cure ni honte.

Aussi conseille-t-il à tous et à toutes de bien vivre avant que de philosopher :

Prenez a dextre et a senestre...
Il n'est tresor que de vivre à son aise!

[*Test.*, v. 537 et v. 1482.]

C'est là toute sa morale. Elle se résume dans l'intérêt actuel. Et voilà justement la règle de ses dérèglements.

* * *

On a beaucoup trop insisté sur la faiblesse de caractère de Villon. Qu'on ne s'y méprenne pas. Maître François n'est pas un aboulique, un être sans volonté ; tout au plus, un psychasthénique, au vouloir partiellement et momentanément déchu. Il est surtout un paresseux, un apathique, né fatigué, qui, ne se sentant ni le courage de travailler ni celui de contempler sans envie l'argent d'autrui, obéit à la loi du moindre effort et cherche à se satisfaire aux dépens du voisin. Pour y réussir, peu importent les moyens, et de Villon toujours l'occasion fait le larron. Mais ce vertige mental auquel il s'abandonne coexiste avec une singulière lucidité d'esprit et ne l'empêche pas de garder intactes de magnifiques parties d'intelligence. Lors donc qu'il s'avère inconséquent, inapte à la réflexion, incapable de profiter de la leçon des faits, c'est uniquement dans les opérations du raisonnement qu'il choppe. Par ailleurs, il n'éprouve aucune difficulté réelle à la mise en vigueur de son activité volontaire.

Sa conscience même n'est point engourdie ni ankylosée. Telle la Médée d'Ovide, il discerne le mieux et l'approuve (chez les autres). Personnellement il suit le pire. Faute d'intelligence? Non : faute de jugement.

Déterminé au moment d'agir par le seul avantage personnel, il confond trop souvent ses fringales de jouissance immédiate avec ses intérêts véritables mais lointains. La sphère de son idéation, bien que fort développée, laisse toute liberté à ses appétits. Mais si son jugement est faux au point de vue de l'honnêteté admise, il lui paraît, à lui, parfaitement droit et logique au moment où il juge.

De là les étonnements vexés que provoquent en lui la répétition de ses chutes et surtout leurs conséquences. Jamais dupe des autres, il s'ébahit d'avoir été si souvent dupé par lui-même, de n'avoir pas pris opportunément la voie de droiture, non parce qu'elle mène au bien, ce qui le laisse indifférent, mais pour ce qu'elle épargne à ceux qui y cheminent des accidents pénibles : comme prison, question, potence.

En un mot, Villon, emporté par ses passions, n'est jamais complètement aveuglé par elles. Même il calcule très bien ce que l'on perd en se perdant :

Que vault piper, flater, rire en trayson,
Quester, mentir, affermer sans fiance,
Farcer, tromper, artifier poison,
Vivre en pechie, dormir en deffiance
De son prouchain sans avoir confiance?
Pour ce conclus : de bien faisons effort.

[*B. de Bon Conseil*, v. 21-26.]

Malheureusement cet « effort de bien » n'est que velléité, sans réalisation à l'heure utile. C'est toujours après coup — après mauvais coup — que Maître François procède à des examens intimes. Revienne la minute de choisir, de mettre ses actes en accord avec ses maximes, et, d'instinct, il enfilera la route agréable sans se demander où elle mène et si elle ne finit pas en cul-de-sac, quitte à se lamenter plus tard, quand il faudra payer la « douloureuse ». Alors, les souvenirs défleuris de son printemps se raviveront en sa mémoire, peu s'en faudra que son cœur ne se fende... Et Villon pleurera le bonheur auprès duquel il passa sans savoir étendre la main :

Hé! Dieu, se j'eusse estudié
Ou temps de ma jeunesse folle,
Et a bonnes meurs dedié,
J'eusse maison et couche molle...

[*Test.*, v. 201-204.]

Les jolis vers! Mais aussi quel aveu! Villon a des regrets, pas l'ombre d'un remords. Il ne se repent point d'avoir méfait. Il gémit seulement d'avoir perdu, se mettant hors les lois, « maison et couche molle » et les autres bénéfices matériels d'une profession régulière.

* * *

Cependant, il s'avise confusément qu'une part d'inexplicable fatalité pèse sur ses décisions et il se cherche des excuses astrologiques :

D'où vient ce mal? Il vient de mon malheur ;
Quant Saturne me feist mon fardelet
Ces maulx y meist, je le croy...

[*Debat du Cuer et du Corps*, v. 31-33.]

Les amateurs de parallèles à la Plutarque rapprocheraient sans doute de ce cri celui d'un autre grand poète qui, quatre cent trente ans après Villon, accusera, lui aussi, les astres de lui être contraires, dépeignant comme suit le cas de ces maléficiés qu'il nomme des « saturniens » :

L'imagination inquiète et débile
Vient rendre nul en eux l'effort de la raison...
Leur plan de vie étant dessiné ligne à ligne
Par la logique d'une influence maligne[1].

Bornons-nous à faire observer que nombre de dégénérés qui ont mal tourné et peuplent nos prisons, qu'ils soient ou non poètes, s'en prennent au zodiaque des mauvais tours que leur joue une hérédité obscure. Les condamnés de droit commun prononcent volontiers « malheur » quand ils parlent de leur premier délit. Et parmi les hiéroglyphes dont ils s'ornent la peau, un des plus ordinaires est cette inscription, qui revient dans les tatouages comme un refrain : « Enfant du malheur, né sous une mauvaise étoile », l'étoile étant dessinée, ainsi que dans les rébus[2].

Villon, de même, ne se considère pas du tout

1. P. Verlaine, *Poèmes saturniens*, Paris, Messein, 1914, p. 7.
2. Émile Laurent, *Le Criminel*, Paris, Vigot, 1908, p. 118.

comme un malfaiteur, mais plutôt comme un malchanceux :

Rigueur le transmit en exil,

[*Test.*, v. 1899.]

dit-il de lui-même. Et, dans la *Ballade à ses amis*, il parle encore de cet exil « ouquel il est transmis par Fortune... »

Rigueur, Fortune! Mais de ses fautes il convient malaisément. Il y a là une évidente insuffisance dans le processus d'association des idées, inhabiles à tirer du passé leçon pour l'avenir.

CHAPITRE SIXIÈME

Égotisme des poètes proclamé par Ibsen. — Villon obsédé de son « moi ». — L'œuvre inséparable de la biographie. — Exemples pris du *Testament.* — Villon n'est pas l'amant de la nature : il ne voit que du dedans.

VI.

IBSEN a proclamé : « Être poète, c'est tenir jugement sur soi-même. » Il est bien vrai que les poètes pratiquent fort dévotieusement ce culte du moi par quoi se distinguent de la multitude ceux qui subsistent de l'applaudissement public : rhéteurs, acteurs, auteurs.

Villon se juge perpétuellement. Dommage qu'il ait le jugement si faux. Il est, à coup sûr, obsédé de sa personnalité et, corollairement, s'intéresse peu à autrui. En cela il se rapproche du fou : l'aliéné (de *alienare, alienus, alius*) se considère, comme *autre*, comme en marge du commun.

On a écrit que Villon fut le premier poète vraiment personnel de notre littérature. Eustache Deschamps excepté, c'est tout à fait exact. Plus qu'aucun autre, Villon a désembourbé la poésie française des ornières où elle traînait avant lui ses fadeurs et ses fadaises. Assez paradoxale semble même l'admiration sans mélange par lui vouée au *Roman de la Rose*, son livre de chevet, admiration qui se traduit du reste par une formule poétique si nouvelle qu'elle est à peu près l'antithèse de celle de Jean de Meung et Guillaume de Lorris. C'est probablement que Maître François n'aurait pu concevoir autrement son œuvre, le voulût-il, ni s'exprimer différemment.

Son égotisme — heureux pour nous — est parent de son égoïsme naturel. « On a remarqué, dit judicieusement Louis Thuasne[1], que les poésies de Villon sont inséparables de sa biographie. » Inséparables, en effet. Seules aiguillonnent sa verve et l'alimentent, ses passions, ses rancœurs, ses rancunes.

Si les hoirs de Villon vivent encore pour nous, c'est qu'ils furent mêlés de façon directe à ses

1. Thuasne, *loc. cit.*, t. III, p. 588.

aventures, ou qu'ils ont frôlé ses intérêts. Mais, d'abord, lui.

Dans le *Testament* (en dehors des legs proprement dits, autant de ruades détachées à celui-ci ou à celui-là — legs qui commencent seulement au vers 761 sur 2,013), tous les huitains préliminaires sont l'évocation de faits personnels. Vous plaît-il que nous collationnions ensemble?... Diatribe contre *son* ennemi, Thibault d'Auxigny, évêque d'Orléans (v. 4-48) ; remerciements pour *sa* libération au roi (v. 49-72) ; réflexions sur *lui-même, ses* malheurs, plaidoyer pour excuser *ses* fautes (v. 73-169) ; déploration de *sa* jeunesse envolée, de *ses* amis dispersés, de la médiocrité des *siens* (v. 170-280) ; égalité de tous devant la mort, qui le frappera *lui-même*, thème développé longuement en rimes tour à tour splendides ou exquises (v. 281-421) ; propos sur la vieillesse dont *il* pâtit avant l'âge (v. 421-560) ; des femmes et de leur fausseté en amour, thèse où *il* s'offre en exemple aux hommes assez sots pour aimer (v. 561-728) ; nouvelles invectives contre *sa* bête d'aversion, Thibault d'Auxigny, et son tourmenteur ordinaire (v. 729-760). Enfin les legs : à *son* protecteur, Maître Guillaume ; à *sa* mère ; à *sa* maîtresse « félonne et dure » ; à tous ceux qu'*il* a connus, qui *lui* ont fait du bien ou du mal. *Lui*, partout *lui*, toujours *lui*.

Les hors-d'œuvre mêmes dont il truffe ses huitains, les « pièces de rapport », ne sont que prétextes à discourir de son individu. Intercale-t-il quelque part l'anecdote enjolivée de Diomède et d'Alexandre (v. 129-168), c'est pour en venir à se comparer au pirate sauvé du mal par le pitoyable empereur. C'est sa propre hantise, c'est son horreur de la mort — mourir, pourrir — qui lui dictent ses ballades sur le néant de la vie (*Dames* et *Seigneurs du temps jadis*, *Viel langage*) ; c'est sa décrépitude, c'est sa sénilité précoce qui se lamentent par la bouche de « la belle qui fust heaulmière ». Quand, dans sa double *Ballade des Folles amours*, il a nommé pêle-mêle, étrange salmigondis, Samson, Orphée, Narcisse et le roi David, il ne peut résister à se citer à son tour : « De moi, povre, je vueil parler... » Quand il dédie à sa mère la délicieuse *Ballade pour prier Notre-Dame*, il ne saurait se retenir de rappeler les « douleurs amères » qu'il causa à la Vierge Marie, « dame du ciel », par sa mauvaise vie. A travers l'ivresse de feu le bon Jehan Cotard, c'est très certainement lui-même — lisez ce morceau vécu — qui se revoit ivre et chancelant... L'amour-propre (*amor sui*) l'entraîne jusqu'à cette énormité de qualifier

Louis XI, qui le gracia, de « bon roy Loïs ». Et, dans l'*Épître à ses amis*, rimée de mémoire en sa cellule de Meung, s'il gémit sur l'exil « ouquel il fut transmis par Fortune », il a soin d'ajouter : « ... comme Dieu l'a permis », jugeant de bonne foi dans son autolâtrie qu'une permission spéciale du Très-Haut dut être nécessaire, du moment qu'il s'agissait de lui, Villon.

En un mot, il ramène tout à son moi. Rien ne compte en dehors du cercle où il se limite.

* * *

Après Thomson et Maudsley, Corre refuse aux malfaiteurs, même aux plus intelligents, tout sentiment de l'esthétique : « L'art tel que nous le comprenons, dit-il, leur est inconnu dans ses grandes manifestations. » Il ajoute : « Ce ne sont point les hommes chez lesquels dominent les appétits qui peuvent accorder quelque chose au culte de la forme et de l'harmonie[1]. »

Il y a dans cette opinion un grain de vérité, un grain seulement. Lombroso reproduit des poésies de criminels qui sont fort belles. Ce sont principalement des pièces adressées par eux à

1. Corre, *loc. cit.*, p. 267.

leur mère[1]. Baer, cité par Dallemagne[2], croit également à la persistance en leur cœur du sentiment de famille, « une des manifestations qui résistent le plus à la dégradation morale qu'atteste leur psychose ». Voilà qui expliquerait la *Ballade pour prier Notre-Dame.*

Mais tous les anthropologistes se rencontrent pour accorder à la littérature des malfaiteurs ces caractéristiques essentielles : exagération des inimitiés de l'auteur, hypertrophie de son moi.

Villon, admirateur de lui-même, observe aussi parfois les autres, mais il trie et choisit ses vivants modèles. A part cela, il est comme imperméable à toute sensation esthétique ; il ne se laisse point pénétrer par les images extérieures, que ses yeux, dirait-on, se refusent à capter pour les emprisonner dans sa mémoire. Il ne voit que du dedans, à travers ses sentiments — et ses ressentiments.

De ses années nomades, il ne rapporte pas un distique, pas un vers, pas un hémistiche, pour décrire ce qu'il vit. La gloire de la nature lui échappe toute. C'est en vain, au long de ses courses vagabondes, que des printemps succes-

1. Lombroso, *L'Homme criminel*, Paris, Alcan, 1887, p. 450-518.
2. Dallemagne, *loc. cit.*, p. 89.

sifs l'environnent de leurs verdures ou que des hivers renouvellent devant lui leurs tapis d'hermine. Il ne daigne voir ni contempler. La bonne odeur de la sève qui monte dans les feuilles, la senteur âcre des labours emperlés d'aube, les parfums chauds des midis éclatants n'émeuvent pas son odorat. Au chant des oiseaux sous bois, au bruissement des insectes dans l'herbe, son tympan ne vibre point. Et la diversité crue des vallons en fleur n'accroche pas plus son regard que le rougeoiement d'un soleil d'automne se couchant discrètement sur la mélancolie des plaines. Comme il n'a que des impressions subjectives, l'été c'est pour lui la chaleur torride qui cuit la nuque ; l'hiver, le gel qui pince la peau ; la campagne, c'est la route interminable dont le *goliard* est prisonnier.

Encore, ses prédécesseurs, les goliards de Germanie, aux XIe et XIIe siècles déjà composaient, sous le nom de *Carmina burana*, des chants en latin et en allemand. Un manuscrit nous les a conservés. « Ce sont souvent (dit Marcel Schwob) de véritables chansons de route, où les vagabonds se réjouissent du printemps, des prairies vertes pleines de fleurs et des auberges où on leur donne du vin à boire[1]. » Villon n'a

1. *Revue des Deux-Mondes*, 15 juillet 1892.

jamais rien écrit de pareil. Pas le moindre élan vers les choses et les gens de la terre.

Est-ce donc manque de curiosité? C'est plutôt mépris. Quel dédain, dans sa réponse au *Dit de Franc Gontier*, de Philippe de Vitry! Et comme il vous traite du haut en bas ce manant « au laboureux mestier », de qui la médiocrité se contente de gros pain d'avoine et d'orge, de mathon ou de potée!

Tous les oyseaulx d'icy en Babiloyne
A tel escot une seule journée
Ne me tiendroient, non une matinée...

[*Test.*, v. 1495-98.]

Villon ne veut connaître que les sensations qui caressent et flattent ses appétits. « Vivre à son aise » : tout est là ; il ne nous l'envoie pas dire.

CHAPITRE SEPTIÈME

Villon religieux et cynique. — Fanfaronnade de vice n'est point sincérité. — Aveux réticents, vie fardée, âme masquée. — La délectation du mensonge. — Exemples pris du *Lays*. — Martyr d'amour = voleur en fuite.

VII.

Pas plus qu'il n'adapte ses gestes à la morale courante, l'homme qui a trop bonne opinion de lui-même ne condescend à modeler ses discours d'après les proportions communes.

Ce sont donc chez Villon, par accès alternatifs (instabilité), tantôt des éclats d'orgueilleuse humilité où il se prosterne bruyamment devant Dieu, la vierge et les saints, leur criant pitié pour le tintouin qu'il se figure avoir causé en paradis par ses égarements — tantôt des bouffées de vicieuse fanfaronnade où il étale sa crapule avec une sorte d'ostentation.

Maintes fois on a cité, comme exemple typique du cynisme de Villon, son immonde et superbe *Ballade de la grosse Margot,* morceau si bien peint en pleine pâte que certains villonistes pudibonds, pour en estomper les vigueurs, se sont évertués, narguant toute vérité, à nous donner ladite Margot, vivante créature, pour une enseigne de cabaret. Grand bien fasse à leur pruderie. Mais le contexte, où le souvenir de Margot s'appareille à ceux de Marion l'Idole, de Jehanne de Bretagne et d'autres filles, bonnes comme elle à « tenir publique escole », dit assez que Margot,

Très doulce face et pourtraicture,
[*Test.*, v. 1584.]

n'était pas rien qu'un barbouillage sur un mur.

D'autres ont vu dans le dernier vers du tétrastique que Villon burina, menacé de la hart, quand il fut « jugié à mourir », une confirmation de son cynisme. Peut-être ici se sont-ils abusés. Villon, parlant du poids de son cul, n'a fait que rajeunir un dicton populaire :

« Bientôt porra sa goule savoir que son cul poise », écrit Moniot dans son *Dit de Fortune*[1].

1. Bibliothèque nationale, Ms. fr. 837, fol. 248 b. — Dans le même manuscrit (fol. 77 d), l'auteur anonyme du tenson entre Renart et Piaudoue dit aussi :

Qu'au darrenier sa goule sot
Combien son cul pesant lui fu.

(Voir Le Clerc, *Histoire litt. de la France* (1856), t. XXIII, p. 468. — Cf. Thuasne, *Œuvres de Villon*, t. III, p. 601.)

En mettant *col* au lieu de *goule*, Villon a plutôt adouci le proverbe.

Plus justement on relèverait à la charge de Villon la cynique vantardise avec laquelle il nomme ou désigne telles femmes qu'il posséda : cette abbesse de Port-Royal, Huguette du Hamel, « religieuse dame et honneste seur », que sa cornette et ses quarante-cinq ans auraient dû garder du scandale ; cette Catherine de Vauxelles, qui se vengea du poète bavard en le faisant battre « comme a ru telles » ; cette Marthe, enfin, sa « chière rose », dont il placarde le nom en acrostiche dans la *Ballade à s'amye*, et qu'il invective : « Orde paillarde, dont viens-tu... » Villon n'a pas la reconnaissance du bas-ventre.

Mais où transparaît à nu sa vilaine âme, c'est dans le huitain CLVII du *Testament :*

Item sera le seneschal
Qui une fois paya mes dettes..., etc.

Il s'agit de Pierre de Breszé, grand sénéchal de Normandie, que Louis XI, à son avènement, fit incarcérer par vengeance. L'ironie de Villon est d'autant plus cruelle et laide qu'il persifle, par basse flatterie, non seulement un prisonnier malheureux qui naguère l'obligea de sa bourse, mais un des plus nobles caractères de son temps[1].

1. Voir Thuasne, *loc. cit.*, t. III, p. 309 et suiv.

Si l'on pouvait découvrir les dessous de tous les legs de Villon et les mobiles secrets qui les inspirèrent, possible y démêlerait-on quantité d'autres vilenies de même espèce.

Se tromperait fort, en tout cas, celui qui croirait Villon sincère, parce qu'il est insolent de nature. De quelle fourberie, au contraire, son cynisme est tempéré quand il parle de lui ! Lors même qu'il paraît s'épancher en confessions et confidences, il ne dit que ce qu'il veut dire, ne se livre jamais, s'emmitoufle de fiction.

Lisez-le de près. Ses aveux sont si réticents et calculés que tous ceux qui ont entrepris de conter Villon d'après lui-même se sont fourvoyés ; jusqu'au jour où les paléographes, s'en mêlant, ont éclairé les bas-fonds de cette vie toute remplie de nuit.

Quand Villon ne trahit pas tout à fait la vérité, il la dissimule ou la farde, et, s'il semble ingénu, c'est qu'il joue la naïveté. Villon a trop de souplesse pour n'être pas cauteleux ; trop de ruse pour n'être pas clandestin ; il cultive avec trop de bonheur l'équivoque et le sous-entendu pour n'être point déguisé et masqué : chez lui, le style c'est l'âme.

Le mensonge est forme de l'instabilité. A changer sans cesse de lunettes, l'œil, même nu, déforme bientôt les objets. La délectation du mensonge fait partie du bagage des dégénérés. Vice d'état du malfaiteur, sa tromperie a ceci de particulier qu'elle est enfantine, bouscule toute logique et fait fi de la vraisemblance.

Villon, lorsqu'il va chez le barbier Fouquet, après avoir frappé Sermoise, dit s'appeler Michel Mouton : fable grossière, absurde, qui ne tiendra pas une minute à l'examen. Il n'importe! Villon jette le premier nom qui lui passe par la tête.

Plus tard, quand il sollicitera la rémission de son crime, il adressera deux suppliques au roi : l'une signée François des Loges dit de Villon, l'autre François de Moncorbier, tout court. Pourquoi ce double surnom? Espère-t-il vraiment tromper la chancellerie par cet artifice et se ménager deux chances pour une d'être gracié — quand les faits rappelés dans l'une et l'autre requête sont identiques? Car on a peine à supposer qu'il signe facétieusement François des Loges par allusion à sa fuite[1]. Alors, pourquoi?...

Villon sincère! Il ment au contraire avec dé-

1. Oudin, dans ses *Curiosités françoises* (XVIIe siècle) note encore l'expression : *Faire Jacques des loges*, pour s'enfuir. — Cf. Francisque Michel, *Études de philologie comparée sur l'argot*, p. 342.

lices, par goût, sans nécessité, pour l'honneur, dirait-on presque.

Tout le début du *Lais* est tissu de mensonges.

Villon ment quand il affirme s'exiler de Paris à cause des rigueurs d'une femme et se pose en martyr d'amour, qui meurt « les membres sains ». S'il part, après la Noël de 1456, c'est pour s'éloigner du collège de Navarre dont il vient de fracturer la caisse en société avec quelques-uns de ses bons amis, mauvais garçons.

Il dit vrai peut-être — assez imprudemment — quand il annonce son départ pour Angers. Mais pourquoi ce but à son voyage? Il se rend dans cette ville pour préparer un nouveau larcin. Il y va pour savoir « l'estat d'ung ancien religieux dudict lieu, lequel étoit renommé d'être riche de V ou VI^c escus, et à son retour, selon ce qu'il (Villon) rapporteroit aux autres compagnons, ils iroient tous par delà pour le desbourser[1] ».

Où est la peine de cœur là dedans? Où est le martyre?

C'est encore d'amour qu'il se dira mourant dans le *Testament*, cinq ans après le *Lays :*

Je regnie Amours et despite

1. Déposition de Pierre Marchand dans l'interrogatoire de Guy Tabaric devant l'official (ARCH. NAT., Ms. 181. Fonds du collège de Navarre).

Et deffie a feu et a sang
Mort par elles me précipite...

[*Test.*, v. 723-25.]

Plus loin :

Ci gist et dort en ce sollier
Qu'Amours occit de son raillon
Ung povre petit escollier...

[*Test.*, v. 1884-86.]

Et, à la fin :

Icy se clost le testament
Et finist, du povre Villon :
Venez a son enterrement
Quant vous orrez le carillon,
Vestus rouge com vermillon
Car en amours mourut martyr...

[*Test.*, v. 1996-2001.]

Certes, Villon aime les femmes, et passionnément. Souvent bafoué par elles, pour ce qu'il est noir, chauve et malingre, il souffre dans son amour-propre. Salace, il pâtit dans sa virilité tenaillée de désir, soit qu'il gise engrillonné dans quelque cachot ecclésiastique ou prévôtal, soit qu'il traîne lamentablement sur les routes, sans asile, rebuté de chacun. Qu'il touche barre à Paris et de la dernière pute de la Cité il s'accommode, nommez-la Margot, ou

Catho, sa voisine, ou Marion la Dentue... Mais c'est baudouinage, rien de plus. Aussi bien quelle femme prudente accueillerait cet amant indélicat qui crie ses amours sur les toits, quand il n'injurie pas celles qui lui cédèrent?

La fin du *Lais* n'est pas moins mensongère que le début. A l'écouter, on croirait Villon dépourvu de pécune :

Il n'a tente ne pavillon
Qu'il n'ait laissie a ses amis
Et n'a mais qu'ung peu de billon
Qui sera tantost a fin mis.

[*Lais*, v. 317-320.]

Or, à ce moment, il vient de toucher sa part des 500 écus d'or volés au collège de Navarre. Guy Tabarie, qui faisait le guet, n'a reçu que 10 écus ; les autres, Nicolas, Petit-Jehan, Colin de Cayeux et Villon, se sont partagé le reste, soit un peu plus de 122 écus d'or chacun, donc environ 6,700 francs de notre monnaie. Maître François appelle cela « ung peu de billon ». Croyez encore à sa sincérité!

CHAPITRE HUITIÈME

Conclusion. — La « santé morale » de Villon. — *Les Libérés* de Canudo : génies, fous, criminels. — « L'équilibre cérébral constitue la vertu. » — Qu'importe l'homme! Admirons et révérons l'artiste.

VIII.

T voilà le personnage. De sorte qu'on s'effare quand un Pierre d'Alheim niant, contre l'évidence, l'authenticité du manuscrit Fauchet, argumente des ballades jargonnesques de Stockholm qu'il n'y reconnut point la « santé morale de Villon ». La santé morale de Maître François! Le mot n'est-il pas exquis?

Santé morale! Lorsque toute la conduite, ou plutôt l'inconduite de Villon est l'insanité même ; quand son excuse, si tant est qu'il soit nécessaire de lui chercher une excuse, est d'être né détraqué.

Santé morale! Mais si Villon n'est pas tout à fait irresponsable, de combien s'en faut-il? L'atrophie de son jugement n'atteint pas, il est vrai, son intelligence, pas plus que sa demi-folie n'éteint son élégance d'esprit ; néanmoins l'imperfection de son cerveau raisonnant n'est pas niable. Villon est l'archétype du non-sociable, de l'individualiste intégral, du malfaiteur.

Un bon écrivain, trop tôt ravi aux lettres par la mort, Riccioto Canudo, fit paraître, il y a une quinzaine d'années, un roman[1], bâti sur cette idée mère que, les humains étant asservis « par les phénomènes de la collectivité », ceux qui s'écartent du troupeau, ceux qui ne gardent plus leurs rapports ordinaires avec la masse et n'obéissent qu'à leur moi, dans l'individualisme pur, peuvent être considérés comme des affranchis, des « libérés ». Canudo les divisait en trois classes : les génies, les criminels et les fous. Au compte de cet auteur, la folie ne serait plus une anomalie dans la société, pas plus que la criminalité : « C'est l'affirmation d'une volonté individuelle triomphante. La société, elle, serait à plus juste titre une anomalie dans la nature ; car elle sacrifie l'individu à la collec-

1. *Les Libérés*, Paris, 1911.

tivité... La criminalité représente la contre-partie victorieuse de l'individu, libre et nu sur le cheval naturellement indompté de ses passions, de sa vérité instinctive. »

Villon, qui confina au génie comme à la folie et sacrifia si délibérément la collectivité au triomphe de son individu, illustre à merveille de son cas la thèse paradoxale de Canudo.

Ce dernier toutefois, il nous en souvient, fut très frappé de la riposte que lui attira son livre de la part de l'aliéniste Grasset qui disait en substance : « L'homme normal est un animal qui naît, se développe, vit *en société*, se reproduit, décline et meurt. Il n'est normal que s'il remplit sa fonction d'animal sociable, c'est-à-dire s'il accomplit sa fonction de défense et d'accroissement *de l'individu*, mais aussi sa fonction de défense et d'accroissement *de l'espèce*[1]. »

Ainsi, l'homme social superpose à son psychisme inférieur d'ancien sauvage, libre d'obéir à ses seuls instincts, le psychisme supérieur du civilisé qui acheta, par raison, au prix d'un peu de sa liberté, la sécurité de son espèce et les bénéfices particuliers du groupement en société.

1. Grasset, *Les Limites de la folie*, in *Paris-Journal*, 26 novembre 1911.

La norme, c'est l'équilibre de ces deux psychismes.

L'individualiste à outrance, qui pousse jusqu'au crime sa protestation, est un anormal en voie de régression vers la caverne ancestrale. Il se libère, si vous y tenez. Mais, à coup sûr, il s'infériorise par rapport aux normaux qui pratiquent en commun l'amélioration de l'individu et la défense de l'espèce.

Lacassagne a très fortement écrit : « L'équilibre cérébral constitue la vertu, c'est-à-dire la meilleure adaptation à la vie sociale. »

* * *

Et puis, à quoi bon tant ratiociner?

Villon fut ce qu'il fut, parce qu'il n'était guère libre d'être autre qu'il ne fut. Et de quel mortel, au surplus (même sans épouser étroitement les théories du déterminisme), oserait-on dire qu'il est tout à fait libre d'être ou de n'être pas, à son gré, ceci ou cela?

Nous avons tenté de mettre en lumière — simplement — le ridicule de certains pissetisane de la critique, thuriféraires attendris, entrepreneurs de ménagements posthumes et fabricateurs de réhabilitations, qui se sentent incapables d'offrir un écrivain à la révérence des foules sans l'avoir au préalable paré de la fleur des qualités domestiques, à la façon de ces bouchers qui parent un veau de roses en papier frisé avant que de l'accrocher à leur étal.

Or, quelque apitoyé qu'on puisse être par les « malheurs » de ce diable d'homme, fils de fée, quel mal, s'il vous plaît, à ce que Villon ait été un ruffian accompli? Ne nous suffit-il pas qu'il soit le plus grand poète de son siècle, un des plus grands de tous les temps? Quand l'œuvre est telle, qu'importe l'ouvrier? Répétons donc avec Richepin :

Et tant pis pour qui te renie,
Roi des poètes sans billon,
Escroc, truand, marlou, génie!

Célébrons, glorifions, révérons l'artiste, sans nous offusquer de l'homme. L'homme est en poudre : « il gist sous lame », à supposer qu'il ait eu sépulture. Mais ses vers ont bravé et braveront les siècles.

Qu'est-ce que nous réclamerions de plus?...

ACHEVÉ D'IMPRIMER

LE XX AVRIL M CM XXV

PAR

P. DAUPELEY-GOUVERNEUR

A NOGENT-LE-ROTROU

www.ingramcontent.com/pod-product-compliance
Ingram Content Group UK Ltd.
Pitfield, Milton Keynes, MK11 3LW, UK
UKHW020339180726
13839UKWH00002B/802

9 782329 510736